Read and Learn: French Comprehension for Kids

Coledown Bilingual Books

Published by Coledown Bilingual Books, 2023.

While every precaution has been taken in the preparation of this book, the publisher assumes no responsibility for errors or omissions, or for damages resulting from the use of the information contained herein.

READ AND LEARN: FRENCH COMPREHENSION FOR KIDS

First edition. November 24, 2023.

Copyright © 2023 Coledown Bilingual Books.

ISBN: 979-8223004776

Written by Coledown Bilingual Books.

Table of Contents

Bienvenue à Paris!

Bienvenue à Paris, les amis! Paris est une ville magnifique en France. La Tour Eiffel est le symbole célèbre de Paris. Elle est grande et brillante la nuit. Les Champs-Élysées sont une avenue célèbre avec de nombreux magasins et cafés. Le Louvre est un musée fantastique avec une célèbre œuvre d'art appelée la Joconde. Les bateaux sur la Seine rendent la ville encore plus spéciale. Les croissants et les baguettes sont des pains délicieux que vous pouvez manger ici. N'oublions pas les délicieux macarons et le fromage délicieux! Paris est une ville pleine de culture, d'histoire et de délicieux plats!

Questions de Compréhension:

1. Quelle est la ville dont nous parlons dans le texte?

2. Quel est le symbole célèbre de Paris?

3. Qu'est-ce que la Tour Eiffel?

4. Où pouvez-vous trouver les Champs-Élysées?

5. Qu'est-ce que le Louvre et quelle œuvre d'art célèbre il abrite?

6. Que pouvez-vous faire sur la Seine à Paris?

7. Nommez deux types de pains délicieux à Paris.

8. Quels sont les deux desserts délicieux mentionnés dans le texte?

9. Pourquoi Paris est-elle spéciale?

10. Que pouvez-vous trouver dans les magasins des Champs-Élysées?

Réponses Suggérées:

1. La ville dont nous parlons dans le texte est Paris.

2. Le symbole célèbre de Paris est la Tour Eiffel.

3. La Tour Eiffel est une grande structure métallique située à Paris.

4. Les Champs-Élysées sont une avenue célèbre à Paris.

5. Le Louvre est un musée, et il abrite la célèbre œuvre d'art appelée la Joconde.

6. Sur la Seine à Paris, vous pouvez trouver des bateaux.

7. Deux types de pains délicieux à Paris sont les croissants et les baguettes.

8. Les deux desserts délicieux mentionnés dans le texte sont les macarons et le fromage délicieux.

9. Paris est spéciale en raison de sa culture, de son histoire et de sa délicieuse cuisine.

10. Vous pouvez trouver des magasins sur les Champs-Élysées.

3

Welcome to Paris!

Welcome to Paris, friends! Paris is a beautiful city in France. The Eiffel Tower is the famous symbol of Paris. It is tall and shiny at night. The Champs-Élysées is a famous avenue with many shops and cafes. The Louvre is a fantastic museum with a famous artwork called the Mona Lisa. Boats on the Seine make the city even more special. Croissants and baguettes are delicious breads you can eat here. Let's not forget the delicious macarons and tasty cheese! Paris is a city full of culture, history, and delicious dishes!

Comprehension Questions:

1. What is the city we are talking about in the text?

2. What is the famous symbol of Paris?

3. What is the Eiffel Tower?

4. Where can you find the Champs-Élysées?

5. What is the Louvre, and what famous artwork does it house?

6. What can you do on the Seine in Paris?

7. Name two delicious bread types in Paris.

8. What are the two delicious desserts mentioned in the text?

9. Why is Paris special?

10. What can you find in the shops on the Champs-Élysées?

Suggested Answers:

1. The city we are talking about in the text is Paris.

2. The famous symbol of Paris is the Eiffel Tower.

3. The Eiffel Tower is a tall metal structure located in Paris.

4. The Champs-Élysées is a famous avenue in Paris.

5. The Louvre is a museum, and it houses the famous artwork called the Mona Lisa.

6. On the Seine in Paris, you can find boats.

7. Two delicious bread types in Paris are croissants and baguettes.

8. The two delicious desserts mentioned in the text are macarons and tasty cheese.

9. Paris is special because of its culture, history, and delicious cuisine.

10. You can find shops on the Champs-Élysées.

Parlons du Temps!

———

Lucie: Salut les amis! Quel temps fait-il aujourd'hui?

Pierre: Il fait beau et ensoleillé. J'adore le soleil!

Sophie: Moi aussi! Hier, il pleuvait beaucoup.

Lucie: Vraiment? Moi, j'aime bien la pluie. C'est rafraîchissant.

Pierre: Et toi, Sophie, tu aimes la pluie?

Sophie: Non, pas trop. Mais j'aime l'été quand il fait chaud.

Lucie: Moi aussi! On peut aller à la plage et manger des glaces.

Pierre: Oui, c'est super. J'aime l'été aussi!

———

Questions de Compréhension:

1. Qu'est-ce que Lucie demande au début de la conversation?

2. Comment est le temps selon Pierre?

3. Quelle est la réaction de Sophie à la pluie?

4. Que pense Lucie de la pluie?

5. Quel temps faisait-il hier selon Sophie?

6. Pourquoi Lucie aime-t-elle la pluie?

7. Qu'aime Pierre de l'été?

8. Qu'aime faire Lucie à la plage en été?

9. Sophie aime-t-elle la pluie?

10. Qu'est-ce que Pierre aime de l'été?

Réponses Suggérées:

1. Lucie demande quel temps il fait aujourd'hui.

2. Selon Pierre, il fait beau et ensoleillé.

3. Sophie n'aime pas trop la pluie.

4. Lucie aime bien la pluie, elle la trouve rafraîchissante.

5. Hier, selon Sophie, il pleuvait beaucoup.

6. Lucie aime la pluie parce qu'elle la trouve rafraîchissante.

7. Pierre aime l'été.

8. Lucie aime aller à la plage et manger des glaces en été.

9. Non, Sophie n'aime pas trop la pluie.

10. Pierre aime l'été parce qu'il peut aller à la plage et manger des glaces.

Let's Talk About the Weather!

Lucie: Hi friends! How's the weather today?

Pierre: It's beautiful and sunny. I love the sun!

Sophie: Me too! Yesterday, it was raining a lot.

Lucie: Really? I like the rain. It's refreshing.

Pierre: How about you, Sophie? Do you like the rain?

Sophie: Not too much. But I love summer when it's hot.

Lucie: Me too! We can go to the beach and eat ice cream.

Pierre: Yes, that's great. I love summer too!

Comprehension Questions:

1. What does Lucie ask at the beginning of the conversation?

2. According to Pierre, how is the weather?

3. How does Sophie feel about the rain?

4. What does Lucie think of the rain?

5. What was the weather like yesterday according to Sophie?

6. Why does Lucie like the rain?

7. What does Pierre like about summer?

8. What does Lucie like to do at the beach in summer?

9. Does Sophie like the rain?

10. What does Pierre like about summer?

Suggested Answers:

1. Lucie asks about the weather at the beginning of the conversation.

2. According to Pierre, the weather is beautiful and sunny.

3. Sophie doesn't like the rain too much.

4. Lucie likes the rain because she finds it refreshing.

5. According to Sophie, it was raining a lot yesterday.

6. Lucie likes the rain because she finds it refreshing.

7. Pierre likes summer.

8. Lucie likes to go to the beach and eat ice cream in summer.

9. No, Sophie doesn't like the rain too much.

10. Pierre likes summer because he can go to the beach and eat ice cream.

Une Aventure à la Montagne!

Un jour ensoleillé, trois amis, Marie, Pierre, et Sophie, ont décidé de faire une excursion à la montagne. Ils ont pris le train tôt le matin et sont arrivés dans un petit village entouré de montagnes. Ils ont marché sur des sentiers sinueux, observé les oiseaux et les fleurs sauvages. Au sommet, la vue était incroyable. Ils ont pique-niqué avec des sandwichs et des fruits tout en admirant le paysage. Plus tard, ils ont dévalé la colline en riant joyeusement. C'était une journée pleine d'aventures et de rires!

Questions de Compréhension:

1. Où ont décidé d'aller Marie, Pierre, et Sophie?

2. Comment sont-ils arrivés au village de montagne?

3. Qu'ont-ils observé sur les sentiers de montagne?

4. Quelle était la vue au sommet de la montagne?

5. Qu'ont-ils mangé pendant le pique-nique?

6. Comment se sont-ils sentis en dévalant la colline?

7. Quel temps faisait-il ce jour-là?

8. Quels animaux ont-ils observés pendant leur excursion?

9. Pourquoi ont-ils ri joyeusement en dévalant la colline?

10. Que pouvez-vous dire sur la journée de Marie, Pierre, et Sophie?

Réponses Suggérées:

1. Marie, Pierre, et Sophie ont décidé d'aller à la montagne.

2. Ils sont arrivés au village de montagne en prenant le train tôt le matin.

3. Ils ont observé les oiseaux et les fleurs sauvages sur les sentiers de montagne.

4. La vue au sommet de la montagne était incroyable.

5. Pendant le pique-nique, ils ont mangé des sandwichs et des fruits.

6. Ils se sont sentis joyeux en dévalant la colline.

7. Il faisait beau ce jour-là.

8. Ils ont observé des oiseaux pendant leur excursion.

9. Ils ont ri joyeusement en dévalant la colline parce qu'ils s'amusaient beaucoup.

10. La journée de Marie, Pierre, et Sophie était pleine d'aventures et de rires.

An Adventure to the Mountains!

On a sunny day, three friends, Marie, Pierre, and Sophie, decided to take a day trip to the mountains. They took the train early in the morning and arrived in a small village surrounded by mountains. They walked on winding trails, observed birds and wildflowers. At the summit, the view was incredible. They had a picnic with sandwiches and fruits while admiring the landscape. Later, they raced down the hill, laughing joyfully. It was a day full of adventures and laughter!

Comprehension Questions:

1. Where did Marie, Pierre, and Sophie decide to go?

2. How did they get to the mountain village?

3. What did they observe on the mountain trails?

4. What was the view at the top of the mountain?

5. What did they eat during the picnic?

6. How did they feel while racing down the hill?

7. What was the weather like that day?

8. What animals did they observe during their excursion?

9. Why did they laugh joyfully while racing down the hill?

10. What can you say about Marie, Pierre, and Sophie's day?

Suggested Answers:

1. Marie, Pierre, and Sophie decided to go to the mountains.

2. They got to the mountain village by taking the train early in the morning.

3. They observed birds and wildflowers on the mountain trails.

4. The view at the top of the mountain was incredible.

5. During the picnic, they ate sandwiches and fruits.

6. They felt joyful while racing down the hill.

7. The weather was beautiful that day.

8. They observed birds during their excursion.

9. They laughed joyfully while racing down the hill because they were having a lot of fun.

10. Marie, Pierre, and Sophie's day was full of adventures and laughter.

Nos Projets pour les Vacances d'Été!

———

Madame Dupont: Bonjour, les enfants! Aujourd'hui, parlons de nos projets pour les vacances d'été. Thomas, qu'est-ce que tu prévois de faire?

Thomas: Bonjour, Madame Dupont! Pendant les vacances, je vais aller à la plage avec ma famille. On va construire des châteaux de sable et nager dans la mer.

Madame Dupont: Cela semble amusant, Thomas! Et toi, Marie, qu'as-tu prévu?

Marie: Bonjour, Madame Dupont! Moi, je vais visiter mes grands-parents à la campagne. On va faire du vélo et cueillir des fruits dans le jardin.

Madame Dupont: C'est une excellente idée, Marie! Et toi, Paul, quels sont tes projets?

Paul: Bonjour, Madame Dupont! Je vais rester à la maison et apprendre à cuisiner avec ma maman. On va faire des cookies et des gâteaux!

Madame Dupont: Super, Paul! Profitez tous de vos vacances d'été!

———

Questions de Compréhension:

1. De quoi Madame Dupont veut-elle parler aujourd'hui?

2. Où Thomas va-t-il pendant les vacances d'été?

3. Que va-t-il faire à la plage avec sa famille?

4. Où Marie va-t-elle pendant les vacances?

5. Que va-t-elle faire avec ses grands-parents à la campagne?

6. Quels sont les projets de Paul pour les vacances d'été?

7. Avec qui Paul va-t-il apprendre à cuisiner?

8. Quels types de gâteaux Paul va-t-il faire avec sa maman?

9. Comment Madame Dupont trouve-t-elle les projets de Thomas?

10. Que souhaite Madame Dupont à la fin de la conversation?

Réponses Suggérées:

1. Madame Dupont veut parler des projets pour les vacances d'été.

2. Thomas va à la plage pendant les vacances d'été.

3. À la plage, avec sa famille, Thomas va construire des châteaux de sable et nager dans la mer.

4. Marie va visiter ses grands-parents pendant les vacances.

5. Avec ses grands-parents à la campagne, Marie va faire du vélo et cueillir des fruits dans le jardin.

6. Les projets de Paul pour les vacances d'été sont de rester à la maison et d'apprendre à cuisiner.

7. Paul va apprendre à cuisiner avec sa maman.

8. Paul va faire des cookies et des gâteaux avec sa maman.

9. Madame Dupont trouve les projets de Thomas amusants.

10. À la fin de la conversation, Madame Dupont souhaite à tous de profiter de leurs vacances d'été.

Our Plans for Summer Vacation!

Madame Dupont: Hello, children! Today, let's talk about our plans for the summer vacation. Thomas, what do you plan to do?

Thomas: Hello, Madame Dupont! During the vacation, I'm going to the beach with my family. We're going to build sandcastles and swim in the sea.

Madame Dupont: That sounds fun, Thomas! And you, Marie, what do you have planned?

Marie: Hello, Madame Dupont! I'm going to visit my grandparents in the countryside. We're going to ride bikes and pick fruits in the garden.

Madame Dupont: That's an excellent idea, Marie! And you, Paul, what are your plans?

Paul: Hello, Madame Dupont! I'm going to stay at home and learn to cook with my mom. We're going to make cookies and cakes!

Madame Dupont: Great, Paul! Enjoy all of your summer vacations!

Comprehension Questions:

1. What does Madame Dupont want to talk about today?

2. Where is Thomas going during the summer vacation?

3. What will he do at the beach with his family?

4. Where is Marie going during the vacation?

5. What will she do with her grandparents in the countryside?

6. What are Paul's plans for the summer vacation?

7. Who will Paul learn to cook with?

8. What types of cakes will Paul make with his mom?

9. How does Madame Dupont find Thomas's plans?

10. What does Madame Dupont wish at the end of the conversation?

Suggested Answers:

1. Madame Dupont wants to talk about plans for the summer vacation.

2. Thomas is going to the beach during the summer vacation.

3. At the beach, with his family, Thomas will build sandcastles and swim in the sea.

4. Marie is going to visit her grandparents during the vacation.

5. With her grandparents in the countryside, Marie will ride bikes and pick fruits in the garden.

6. Paul's plans for the summer vacation are to stay at home and learn to cook.

7. Paul will learn to cook with his mom.

8. Paul will make cookies and cakes with his mom.

9. Madame Dupont finds Thomas's plans fun.

10. At the end of the conversation, Madame Dupont wishes everyone to enjoy their summer vacations.

Découvrons le Drapeau Français!

Le drapeau français est tricolore et a trois couleurs: bleu, blanc, et rouge. Regardez bien! En haut, il y a une bande bleue, au milieu une bande blanche, et en bas une bande rouge. Ces couleurs représentent des idées importantes pour la France. Le bleu symbolise la liberté, le blanc représente l'égalité, et le rouge évoque la fraternité. Quand vous regardez le drapeau, rappelez-vous de ces valeurs spéciales de la France. Le drapeau français est fier et plein de signification!

Questions de Compréhension:

1. Combien de couleurs a le drapeau français?

2. Quelles sont les trois couleurs du drapeau français?

3. Où est la bande bleue sur le drapeau?

4. Qu'est-ce que le bleu représente sur le drapeau?

5. Quelle idée le blanc symbolise-t-il?

6. Quelle est la signification du rouge sur le drapeau français?

7. Pourquoi le drapeau français est-il tricolore?

8. Quelles sont les trois valeurs représentées par les couleurs du drapeau?

9. Quand vous regardez le drapeau, que devez-vous vous rappeler?

10. Comment décririez-vous le drapeau français?

Réponses Suggérées:

1. Le drapeau français a trois couleurs.

2. Les trois couleurs du drapeau français sont le bleu, le blanc, et le rouge.

3. La bande bleue est en haut du drapeau.

4. Le bleu représente la liberté sur le drapeau.

5. Le blanc symbolise l'égalité sur le drapeau.

6. Le rouge évoque la fraternité sur le drapeau français.

7. Le drapeau français est tricolore pour représenter des idées importantes.

8. Les trois valeurs représentées par les couleurs du drapeau sont la liberté, l'égalité, et la fraternité.

9. Quand vous regardez le drapeau, vous devez vous rappeler de ces valeurs spéciales de la France.

10. Le drapeau français est tricolore avec une bande bleue en haut, une bande blanche au milieu, et une bande rouge en bas. Il symbolise la liberté, l'égalité, et la fraternité.

Discovering the French Flag!

The French flag is tricolored and has three colors: blue, white, and red. Take a good look! At the top, there is a blue stripe, in the middle a white stripe, and at the bottom a red stripe. These colors represent important ideas for France. Blue symbolizes freedom, white represents equality, and red evokes fraternity. When you look at the flag, remember these special values of France. The French flag is proud and full of meaning!

Comprehension Questions:

1. How many colors does the French flag have?

2. What are the three colors of the French flag?

3. Where is the blue stripe on the flag?

4. What does the blue represent on the flag?

5. What idea does the white symbolize?

6. What is the meaning of the red on the French flag?

7. Why is the French flag tricolored?

8. What are the three values represented by the colors of the flag?

9. When you look at the flag, what should you remember?

10. How would you describe the French flag?

____

Suggested Answers:

1. The French flag has three colors.

2. The three colors of the French flag are blue, white, and red.

3. The blue stripe is at the top of the flag.

4. Blue symbolizes freedom on the flag.

5. White represents equality on the flag.

6. Red evokes fraternity on the French flag.

7. The French flag is tricolored to represent important ideas.

8. The three values represented by the colors of the flag are freedom, equality, and fraternity.

9. When you look at the flag, you should remember these special values of France.

10. The French flag is tricolored with a blue stripe at the top, a white stripe in the middle, and a red stripe at the bottom. It symbolizes freedom, equality, and fraternity.

Découvrons Victor Hugo!

———

Victor Hugo était un écrivain célèbre en France. Il est né en 1802 et a écrit beaucoup de livres passionnants. Son livre le plus connu s'appelle "Les Misérables". C'est une histoire incroyable sur l'amour, la justice, et la rédemption. Victor Hugo aimait aussi écrire de la poésie. Ses poèmes étaient inspirés par la nature et les émotions humaines. Il était non seulement écrivain mais aussi un homme engagé. Il se souciait de la justice sociale et a lutté pour les droits des autres. Victor Hugo était une figure importante de la littérature française et de la vie politique.

———

Questions de Compréhension:

1. Qui était Victor Hugo?

2. Quand est-il né?

3. Quel est le livre le plus connu de Victor Hugo?

4. De quoi parle "Les Misérables"?

5. Qu'est-ce que Victor Hugo aimait aussi écrire?

6. Qu'est-ce qui inspirait les poèmes de Victor Hugo?

7. En plus d'être écrivain, que faisait Victor Hugo?

8. De quoi se souciait-il?

9. Pour quels droits a-t-il lutté?

10. Pourquoi Victor Hugo était-il une figure importante?

Réponses Suggérées:

1. Victor Hugo était un écrivain célèbre en France.

2. Il est né en 1802.

3. Le livre le plus connu de Victor Hugo est "Les Misérables".

4. "Les Misérables" parle de l'amour, de la justice, et de la rédemption.

5. Victor Hugo aimait aussi écrire de la poésie.

6. Les poèmes de Victor Hugo étaient inspirés par la nature et les émotions humaines.

7. En plus d'être écrivain, Victor Hugo était un homme engagé.

8. Il se souciait de la justice sociale.

9. Il a lutté pour les droits des autres.

10. Victor Hugo était une figure importante en raison de sa contribution à la littérature française et de son engagement pour la justice sociale.

Discovering Victor Hugo!

Victor Hugo was a famous writer in France. He was born in 1802 and wrote many exciting books. His most well-known book is called "Les Misérables." It's an incredible story about love, justice, and redemption. Victor Hugo also loved to write poetry. His poems were inspired by nature and human emotions. He was not only a writer but also a committed man. He cared about social justice and fought for the rights of others. Victor Hugo was an important figure in French literature and political life.

Comprehension Questions:

1. Who was Victor Hugo?

2. When was he born?

3. What is Victor Hugo's most well-known book?

4. What is "Les Misérables" about?

5. What else did Victor Hugo love to write?

6. What inspired Victor Hugo's poems?

7. In addition to being a writer, what did Victor Hugo do?

8. What did he care about?

9. What rights did he fight for?

10. Why was Victor Hugo an important figure?

____

Suggested Answers:

1. Victor Hugo was a famous writer in France.

2. He was born in 1802.

3. Victor Hugo's most well-known book is "Les Misérables."

4. "Les Misérables" is about love, justice, and redemption.

5. Victor Hugo also loved to write poetry.

6. Victor Hugo's poems were inspired by nature and human emotions.

7. In addition to being a writer, Victor Hugo was a committed man.

8. He cared about social justice.

9. He fought for the rights of others.

10. Victor Hugo was an important figure due to his contribution to French literature and his commitment to social justice.

La Fête Nationale - Le 14 Juillet!

La Fête Nationale en France, aussi appelée le 14 Juillet, est une journée spéciale célébrée avec joie et fierté. Cela commémore la prise de la Bastille, une prison à Paris, en 1789, un moment important de la Révolution française. Le 14 Juillet est rempli de festivités, de défilés militaires, et de feux d'artifice éclatants. Les gens se rassemblent pour danser, chanter, et partager des repas délicieux. On voit souvent le drapeau tricolore partout, avec ses couleurs bleu, blanc, et rouge. C'est un jour où les Français célèbrent l'unité et la liberté avec beaucoup de passion!

Questions de Compréhension:

1. Qu'est-ce que la Fête Nationale en France?

2. Pourquoi le 14 Juillet est-il spécial?

3. Que commémore cette journée?

4. Où a eu lieu la prise de la Bastille?

5. Quelle année la Bastille a-t-elle été prise?

6. Quelles festivités ont lieu le 14 Juillet?

7. Que fait-on pendant les défilés militaires?

8. Quelles sont les couleurs du drapeau tricolore?

9. Comment les Français célèbrent-ils le 14 Juillet?

10. Quelle émotion les Français ressentent-ils pendant cette journée?

Réponses Suggérées:

1. La Fête Nationale en France est le 14 Juillet.

2. Le 14 Juillet est spécial car il commémore un moment important de la Révolution française.

3. Cette journée commémore la prise de la Bastille, une prison à Paris, en 1789.

4. La prise de la Bastille a eu lieu à Paris.

5. La Bastille a été prise en 1789.

6. Le 14 Juillet est rempli de festivités, de défilés militaires, et de feux d'artifice éclatants.

7. Pendant les défilés militaires, on célèbre l'armée française.

8. Les couleurs du drapeau tricolore sont bleu, blanc, et rouge.

9. Les Français célèbrent le 14 Juillet en dansant, chantant, et partageant des repas délicieux.

10. Pendant cette journée, les Français ressentent beaucoup de passion et célèbrent l'unité et la liberté.

National Day - July 14th!

National Day in France, also known as July 14th, is a special day celebrated with joy and pride. It commemorates the storming of the Bastille, a prison in Paris, in 1789, a crucial moment in the French Revolution. July 14th is filled with festivities, military parades, and dazzling fireworks. People gather to dance, sing, and share delicious meals. The tricolor flag, with its blue, white, and red colors, is often seen everywhere. It's a day when the French celebrate unity and freedom with a lot of passion!

Comprehension Questions:

1. What is National Day in France?

2. Why is July 14th special?

3. What does this day commemorate?

4. Where did the storming of the Bastille take place?

5. In which year was the Bastille stormed?

6. What festivities take place on July 14th?

7. What happens during the military parades?

8. What are the colors of the tricolor flag?

9. How do the French celebrate July 14th?

10. What emotion do the French feel during this day?

____

Suggested Answers:

1. National Day in France is July 14th.

2. July 14th is special because it commemorates a crucial moment in the French Revolution.

3. This day commemorates the storming of the Bastille, a prison in Paris, in 1789.

4. The storming of the Bastille took place in Paris.

5. The Bastille was stormed in 1789.

6. July 14th is filled with festivities, military parades, and dazzling fireworks.

7. During the military parades, the French celebrate the French army.

8. The colors of the tricolor flag are blue, white, and red.

9. The French celebrate July 14th by dancing, singing, and sharing delicious meals.

10. During this day, the French feel a lot of passion and celebrate unity and freedom.

Jeanne d'Arc - Une Héroïne Courageuse!

Jeanne d'Arc était une jeune fille courageuse de France. Elle est née en 1412 et a joué un rôle important pendant la Guerre de Cent Ans. Jeanne croyait qu'elle avait une mission divine pour aider le roi de France. À seulement 17 ans, elle a conduit les troupes françaises à la victoire lors de la bataille d'Orléans. C'était une héroïne courageuse et aimée de son peuple. Malheureusement, elle a été capturée par les Anglais et condamnée à mort à l'âge de 19 ans. Jeanne d'Arc est devenue un symbole de courage et de patriotisme en France.

Questions de Compréhension:

1. Qui était Jeanne d'Arc?

2. Quand est-elle née?

3. Quel rôle a-t-elle joué pendant la Guerre de Cent Ans?

4. Quelle était la mission divine de Jeanne selon sa croyance?

5. À quel âge a-t-elle conduit les troupes françaises à la victoire?

6. Quelle bataille célèbre a-t-elle remportée?

7. Pourquoi Jeanne d'Arc était-elle considérée comme une héroïne?

8. Qu'est-il arrivé à Jeanne d'Arc après avoir été capturée par les Anglais?

9. Quel symbole est devenue Jeanne d'Arc en France?

10. Pourquoi les gens l'aimaient-ils?

Réponses Suggérées:

1. Jeanne d'Arc était une jeune fille courageuse de France.

2. Elle est née en 1412.

3. Elle a joué un rôle important pendant la Guerre de Cent Ans.

4. Selon sa croyance, sa mission divine était d'aider le roi de France.

5. Elle a conduit les troupes françaises à la victoire à seulement 17 ans.

6. Elle a remporté la bataille d'Orléans.

7. Jeanne d'Arc était considérée comme une héroïne en raison de son courage et de sa victoire militaire.

8. Après avoir été capturée par les Anglais, Jeanne d'Arc a été condamnée à mort.

9. Jeanne d'Arc est devenue un symbole de courage et de patriotisme en France.

10. Les gens l'aimaient pour son courage, sa conviction et sa
volonté de défendre la France.

Joan of Arc - A Brave Heroine!

Joan of Arc was a courageous young girl from France. She was born in 1412 and played a significant role during the Hundred Years' War. Joan believed she had a divine mission to help the King of France. At only 17 years old, she led the French troops to victory in the Battle of Orléans. She was a brave heroine and beloved by her people. Unfortunately, she was captured by the English and sentenced to death at the age of 19. Joan of Arc became a symbol of courage and patriotism in France.

Comprehension Questions:

1. Who was Joan of Arc?

2. When was she born?

3. What role did she play during the Hundred Years' War?

4. What was Joan's divine mission according to her belief?

5. At what age did she lead the French troops to victory?

6. Which famous battle did she win?

7. Why was Joan of Arc considered a heroine?

8. What happened to Joan of Arc after being captured by the English?

9. What symbol did Joan of Arc become in France?

10. Why did people love her?

Suggested Answers:

1. Joan of Arc was a courageous young girl from France.

2. She was born in 1412.

3. She played a significant role during the Hundred Years' War.

4. According to her belief, her divine mission was to help the King of France.

5. She led the French troops to victory at only 17 years old.

6. She won the Battle of Orléans.

7. Joan of Arc was considered a heroine because of her courage and military victory.

8. After being captured by the English, Joan of Arc was sentenced to death.

9. Joan of Arc became a symbol of courage and patriotism in France.

10. People loved her for her courage, conviction, and her willingness to defend France.

Aventure à Mont Blanc!

Mont Blanc est la plus haute montagne d'Europe, située dans les Alpes françaises. C'est une montagne majestueuse avec des sommets enneigés toute l'année. De nombreux aventuriers viennent escalader Mont Blanc pour admirer la vue incroyable depuis son sommet. En hiver, la montagne est recouverte de neige, offrant des pistes de ski fantastiques. En été, les fleurs sauvages fleurissent, créant un paysage magnifique. Les enfants peuvent aussi prendre le téléphérique pour monter et découvrir la beauté de Mont Blanc. C'est une aventure passionnante pour tous!

Questions de Compréhension:

1. Où se trouve Mont Blanc?

2. Qu'est-ce qui rend Mont Blanc spécial?

3. Pourquoi de nombreux aventuriers viennent-ils à Mont Blanc?

4. Qu'est-ce qui recouvre Mont Blanc en hiver?

5. Quelle activité fantastique pouvez-vous faire sur Mont Blanc en hiver?

6. Que se passe-t-il en été sur Mont Blanc?

7. Comment est le paysage en été?

8. Comment les aventuriers peuvent-ils monter Mont Blanc?

9. Quelle est l'aventure excitante pour les enfants à Mont Blanc?

10. Pourquoi Mont Blanc est-il une montagne spéciale?

Réponses Suggérées:

1. Mont Blanc se trouve dans les Alpes françaises.

2. Mont Blanc est spécial car c'est la plus haute montagne d'Europe.

3. De nombreux aventuriers viennent à Mont Blanc pour admirer la vue depuis son sommet.

4. En hiver, Mont Blanc est recouvert de neige.

5. En hiver, vous pouvez faire du ski fantastique sur Mont Blanc.

6. En été, les fleurs sauvages fleurissent sur Mont Blanc.

7. Le paysage en été est magnifique avec des fleurs sauvages.

8. Les aventuriers peuvent monter Mont Blanc en prenant le téléphérique.

9. L'aventure excitante pour les enfants à Mont Blanc est de prendre le téléphérique et découvrir la beauté de la montagne.

10. Mont Blanc est spécial en raison de sa hauteur, de ses vues magnifiques, et des aventures qu'il offre aux visiteurs.

Adventure at Mont Blanc!

Mont Blanc is the highest mountain in Europe, located in the French Alps. It's a majestic mountain with snow-covered peaks all year round. Many adventurers come to climb Mont Blanc to admire the incredible view from its summit. In winter, the mountain is covered in snow, offering fantastic ski slopes. In summer, wildflowers bloom, creating a beautiful landscape. Children can also take the cable car to go up and discover the beauty of Mont Blanc. It's an exciting adventure for everyone!

Comprehension Questions:

1. Where is Mont Blanc located?

2. What makes Mont Blanc special?

3. Why do many adventurers come to Mont Blanc?

4. What covers Mont Blanc in winter?

5. What fantastic activity can you do on Mont Blanc in winter?

6. What happens in summer on Mont Blanc?

7. How is the landscape in summer?

8. How can adventurers climb Mont Blanc?

9. What is the exciting adventure for children at Mont Blanc?

10. Why is Mont Blanc a special mountain?

____

Suggested Answers:

1. Mont Blanc is located in the French Alps.

2. Mont Blanc is special because it is the highest mountain in Europe.

3. Many adventurers come to Mont Blanc to admire the view from its summit.

4. In winter, Mont Blanc is covered in snow.

5. In winter, you can do fantastic skiing on Mont Blanc.

6. In summer, wildflowers bloom on Mont Blanc.

7. The landscape in summer is beautiful with wildflowers.

8. Adventurers can climb Mont Blanc by taking the cable car.

9. The exciting adventure for children at Mont Blanc is to take the cable car and discover the beauty of the mountain.

10. Mont Blanc is special because of its height, the magnificent views it offers, and the adventures it provides to visitors.

Les Aventures de L'Arc-en-Ciel, la Licorne Magique!

Il était une fois dans une forêt enchantée, une licorne magique appelée L'Arc-en-Ciel. L'Arc-en-Ciel avait une corne étincelante qui pouvait créer des arcs-en-ciel éblouissants. Un jour, L'Arc-en-Ciel découvrit une clairière mystérieuse remplie de fleurs enchantées. Chaque fois qu'elle touchait une fleur avec sa corne, une nouvelle couleur apparaissait, rendant la forêt encore plus magique. Un matin, alors qu'elle explorait, L'Arc-en-Ciel rencontra un petit lapin triste. Elle utilisa sa corne magique pour créer un arc-en-ciel arc-en-ciel arc-en-ciel au-dessus du lapin, le rendant joyeux. Depuis ce jour, L'Arc-en-Ciel et ses amis animaux vivaient des aventures magiques dans la forêt enchantée.

Questions de Compréhension:

1. Comment s'appelle la licorne magique dans l'histoire?

2. Qu'est-ce que la corne de L'Arc-en-Ciel peut faire?

3. Qu'a découvert L'Arc-en-Ciel dans la forêt enchantée?

4. Que se passe-t-il lorsque L'Arc-en-Ciel touche une fleur avec sa corne?

5. Comment la forêt devient-elle encore plus magique?

6. Qu'a fait L'Arc-en-Ciel pour rendre le lapin joyeux?

7. Où vivent L'Arc-en-Ciel et ses amis animaux?

8. Pourquoi le petit lapin était-il triste?

9. Quel est le pouvoir magique de la corne de L'Arc-en-Ciel?

10. Quelle est la morale de cette histoire?

Réponses Suggérées:

1. La licorne magique s'appelle L'Arc-en-Ciel.

2. La corne de L'Arc-en-Ciel peut créer des arcs-en-ciel éblouissants.

3. L'Arc-en-Ciel a découvert une clairière mystérieuse remplie de fleurs enchantées.

4. Lorsque L'Arc-en-Ciel touche une fleur avec sa corne, une nouvelle couleur apparaît.

5. La forêt devient encore plus magique avec l'apparition de nouvelles couleurs.

6. L'Arc-en-Ciel a utilisé sa corne magique pour créer un arc-en-ciel au-dessus du lapin, le rendant joyeux.

7. L'Arc-en-Ciel et ses amis animaux vivent dans la forêt enchantée.

8. Le petit lapin était triste, mais la raison n'est pas spécifiée dans l'histoire.

9. Le pouvoir magique de la corne de L'Arc-en-Ciel est de créer des arcs-en-ciel éblouissants.

10. La morale de cette histoire est que la magie peut rendre les gens heureux, même dans les moments tristes.

The Adventures of Rainbow, the Magical Unicorn!

Once upon a time in an enchanted forest, there was a magical unicorn named Rainbow. Rainbow had a sparkling horn that could create dazzling rainbows. One day, Rainbow discovered a mysterious clearing filled with enchanted flowers. Every time she touched a flower with her horn, a new color appeared, making the forest even more magical. One morning, as she explored, Rainbow met a little sad rabbit. She used her magical horn to create a rainbow above the rabbit, making it joyful. From that day on, Rainbow and her animal friends lived magical adventures in the enchanted forest.

Comprehension Questions:

1. What is the name of the magical unicorn in the story?

2. What can Rainbow's horn do?

3. What did Rainbow discover in the enchanted forest?

4. What happens when Rainbow touches a flower with her horn?

5. How does the forest become even more magical?

6. What did Rainbow do to make the rabbit joyful?

7. Where do Rainbow and her animal friends live?

8. Why was the little rabbit sad?

9. What is the magical power of Rainbow's horn?

10. What is the moral of this story?

Suggested Answers:

1. The magical unicorn's name is Rainbow.

2. Rainbow's horn can create dazzling rainbows.

3. Rainbow discovered a mysterious clearing filled with enchanted flowers.

4. When Rainbow touches a flower with her horn, a new color appears.

5. The forest becomes even more magical with the appearance of new colors.

6. Rainbow used her magical horn to create a rainbow above the rabbit, making it joyful.

7. Rainbow and her animal friends live in the enchanted forest.

8. The reason for the little rabbit being sad is not specified in the story.

9. The magical power of Rainbow's horn is to create dazzling rainbows.

10. The moral of this story is that magic can make people happy, even in sad moments.

Le Recyclage en France - Protégeons Notre Planète!

Le recyclage est très important en France pour prendre soin de notre planète. Les Français trient leurs déchets en différentes catégories comme le papier, le plastique, le verre, et plus encore. Les bacs de recyclage colorés aident à distinguer les différents types de déchets. En recyclant, les Français contribuent à économiser des ressources naturelles et à réduire la pollution. De nombreuses villes en France organisent des journées spéciales pour sensibiliser les gens au recyclage. Les écoles enseignent aux enfants l'importance de trier leurs déchets dès le plus jeune âge. En travaillant ensemble, les Français font de leur mieux pour protéger l'environnement et assurer un avenir durable.

Questions de Compréhension:

1. Pourquoi le recyclage est-il important en France?

2. Comment les Français trient-ils leurs déchets?

3. Quelles catégories de déchets sont mentionnées dans le texte?

4. Comment les bacs de recyclage colorés aident-ils?

5. Que font les Français en recyclant?

6. Comment le recyclage contribue-t-il à la préservation des ressources naturelles?

7. Quelles sont les journées spéciales mentionnées dans le texte?

8. Que font les écoles pour enseigner l'importance du recyclage aux enfants?

9. Qu'est-ce que les Français font pour protéger l'environnement?

10. Pourquoi est-il important de travailler ensemble pour un avenir durable?

Réponses Suggérées:

1. Le recyclage est important en France pour prendre soin de notre planète.

2. Les Français trient leurs déchets en différentes catégories.

3. Les catégories de déchets mentionnées dans le texte sont le papier, le plastique, le verre, et plus encore.

4. Les bacs de recyclage colorés aident à distinguer les différents types de déchets.

5. En recyclant, les Français contribuent à économiser des ressources naturelles et à réduire la pollution.

6. Le recyclage contribue à la préservation des ressources naturelles en évitant l'utilisation excessive de matières premières.

7. De nombreuses villes en France organisent des journées spéciales pour sensibiliser les gens au recyclage.

8. Les écoles enseignent aux enfants l'importance de trier leurs déchets dès le plus jeune âge.

9. Les Français font de leur mieux pour protéger l'environnement en recyclant.

10. Il est important de travailler ensemble pour un avenir durable afin de préserver notre planète pour les générations futures.

7. What special days are mentioned in the text?

8. What do schools do to teach the importance of recycling to children?

9. What do the French do to protect the environment?

10. Why is it important to work together for a sustainable future?

Suggested Answers:

1. Recycling is important in France to take care of our planet.

2. The French sort their waste into different categories.

3. The waste categories mentioned in the text are paper, plastic, glass, and more.

4. Colorful recycling bins help distinguish the different types of waste.

5. By recycling, the French contribute to saving natural resources and reducing pollution.

6. Recycling contributes to preserving natural resources by avoiding the excessive use of raw materials.

. Many cities in France organize special days to raise awareness bout recycling.

Schools teach children the importance of sorting their waste m a young age.

Recycling in France - Let's Protect Our Planet!

Recycling is very important in France to take care of our planet. The French sort their waste into different categories such as paper, plastic, glass, and more. Colorful recycling bins help distinguish the different types of waste. By recycling, the French contribute to saving natural resources and reducing pollution. Many cities in France organize special days to raise awareness about recycling. Schools teach children the importance of sorting their waste from a young age. By working together, the French do their best to protect the environment and ensure a sustainable future.

Comprehension Questions:

1. Why is recycling important in France?

2. How do the French sort their waste?

3. Which waste categories are mentioned in the text?

4. How do colorful recycling bins help?

5. What do the French contribute to by recycling?

6. How does recycling contribute to preservi resources?

9. The French do their best to protect the environment by recycling.

10. It is important to work together for a sustainable future to preserve our planet for future generations.